Cuando llueve sobre el hormiguero

TRÁNSITO DE FUEGO

Colección de poesía

Poetry Collection

JOURNEY OF FIRE

Alelí Prada

CUANDO LLUEVE SOBRE EL HORMIGUERO

Nueva York Poetry Press®

Nueva York Poetry Press LLC
128 Madison Avenue, Oficina 2RN
New York, NY 10016, USA
Teléfono: +1(929)354-7778
nuevayork.poetrypress@gmail.com
www.nuevayorkpoetrypress.com

Cuando llueve sobre el hormiguero
© **2021 Alelí Prada**

ISBN-13: 978-1-950474-39-4

© Colección *Tránsito de Fuego* Vol. 16
(Homenaje a Eunice Odio)

© Dirección y edición:
Marisa Russo

© Corrección literaria:
Luis Rodríguez y Magda Doyle

© Revisión:
Daniel Araya Tortós

© Diseño de portada:
William Velásquez Vásquez

© Diseño de interiores:
Antonio Ojeda

© Fotografía de portada:
Luis Rodríguez

© Fotografías de la autora:
Alejandro Cabezas
Fernanda Sequeira

Prada, Alelí
Cuando llueve sobre el hormiguero / Alelí Prada. 1ª ed. New York: Nueva York Poetry Press, 2021, 108 pp.
5.25" x 8".

1. Poesía costarricense. 2. Poesía centroamericana 3. Poesía latinoamericana.

A la memoria de Virginia
y todos los pinos
que dejó en su montaña.

I
Sequía

Soledad,
los arroyos están secos
y en las calles hay mil ecos
que te llaman sin cesar.

CHAVELA VARGAS

SELVÁTICAS

Su jardín jamás será infértil.
Los paraísos más bellos
están alrededor de los volcanes.
Ya verán que pronto huirán con miedo
todos los tractores de la isla.

AHORA

Ahora que la lamparita del escritorio
me ha visto llorar por tonterías,
extraño hasta el recorrido de los dedos
atando y desatando zapatos.

Ahora que me he vuelto hipocondriaca
con las canciones del insomnio,
ahora me doy cuenta
que no hay más consuelo,
que deslizarme sobre el sofá ajeno.

Ahora que las excusas se despiden sin permiso,
me lavo los dientes,
      las palmas se encuentran
durante más de

                m
         c   i
         i   n
         n   u
         c   t
           o   o
                s

      Ahora

         mis manos
se saludan
como las viejas amigas
que hacían figuritas en la infancia
cuando se iba la luz.

Ahora que
se
derrumban
los
r e l o j e s,

que le he propuesto un negocio a la soledad:

compañía por cicatrices.

Ahora
que he vuelto a sacar los corazones del baúl,
que un tango me aprieta los codos
y un cello se me enreda en las pupilas,
lloro una represa de gacelas hambrientas.

Ahora que me encuentro desempolvando besos
que acampaban en mi espalda,
que me cerceno capa a capa la piel
no encuentro un recuerdo que me caliente.

Ahora que alucino planetas
que no son míos,
que no soy la única damnificada
que todo el verde está congelado en el closet
hasta próximo aviso,
me encuentro acurrucada con cientos
de cuerpos desconocidos
que han naufragado en una isla de cuatro paredes.

CAMINAR SOLA

La calle anochece,
           tiembla metálica.

En mi espalda
           acampan cumplidos que trago

desnuda
           indefensa.

La telaraña de sus ojos insolentes

sabe a ron añejo,
de ese que hay que vomitar

           en colores mansos,

           en escondites,

           de puntillas.

Nadie vendrá a limpiar estos rincones

           con megáfonos y platillos.

Aquí estoy despojada
           con mi escudo jabonoso

         con mis fantasmas que huyen de la fuga.

Aquí donde silba el viento,

                  no responde Dios.

Se humedece el miedo.

Se me escurre el cuerpo
                con su saliva.

Aquí la felicidad no me alcanza,

                  hace malabares.

Los leones herrumbrados de plástico
              ríen

mientras las hienas,
tocamos los tambores,

                una
                y
                otra vez,

con sangre ruidosa

                  perdemos la guerra.

CASITA DE MADERA

Me siento a ver el fuego devorar todo a mi alrededor.
El rojo invasor entra temerario, predecible,
pero inaceptable por mi inútil esperanza infantil.

Toca observar el fuego arrasar con la casa,
aún cuando haya partes sin quemar.
Los títeres de madera se queman fácil,
más si insisten en lo inconcebible:
¡sonrisa todos!

Cada vez hay menos personas en la mesa,
¿habrán notado que yo ya me levanté?
Los veo quemarse,
 ¿por qué se quedan todos sentados?

Mamá títere hará lo imposible por que papá títere
                    sea el primero en tener el café endulzado.
Y él no perderá su campo, no.
La puerta está abierta
y yo
aún los veo quemarse.

VOLVEREMOS

Volverán los abrazos,
pero, esta vez, quemarán
     de tanto frío que guardamos en la alacena,
     de tanto tibio que guardamos en suspiros.
Volverá todo más musgo
     y las texturas despertarán palabras
     y en la palabra
        estarás
           vos.

MADERA SOLA

Y entonces entiendo.
Entre tanto eco
sentís miedo de tanta enormidad.
Y sos pequeño y sentís gigante todo
tenebroso, pero familiar.

Veo que recordás con la garganta
eso de espantar las moscas de fruta en
                              las naranjas olvidadas,
eso del reacomodo nostálgico de los muebles.
Y ni siquiera te das cuenta de qué
                    tanto movimiento han creado tus manos.
Lo ignorás con la miseria que sentís en las costillas.
No te das cuenta.
No querés.
No te das cuenta.

Es mentira eso de que podemos escapar.
Porque volvés a dejar los cigarros
                              desordenados por la casa;
sin reparo a que los transeúntes
se los encuentren barriendo la terraza
o re-acomodando tus vasos de whiskey.

Entonces la madera vuelve a oler a frío
                              y a sopa recalentada.
Y ahora hay más polvo,
más espacio,

más preguntas que recorren la casa
y se esconden entre las hojas secas
                        que nadie saca de las macetas.

Has aprendido a hablar con los individuales
y los controles del equipo de sonido.
Se te confunden los cuadros
                        y las máscaras con las escafandras.
Tampoco limpiás las telarañas,
te parece hasta metáfora que se acurruquen
                                en las mandolinas,
para que no hablen,
para que dejen de gritar.

UNA MONEDA

Una, solo una.
No es para pagar ni comprar nada. Lo juro.
Es para colocarla sin que me vean
en la estática grisácea del agua.
Solo una moneda me basta
para no desear:
la violencia despiadada en la quietud de las oficinas,
la tristeza del cubículo,
lo inerte del cemento que lo único que absorbe
                              son los restos de la canoa.
Solo una, se lo pido,
y que Dios le pague su misericordia.
Prometo rastrear deseos hasta las entrañas de la fuente,
entre el alpiste de las palomas,
atiborrarme amuletos,
saborearlos, uno a uno, entre los dedos
hasta mordisquear la cutícula de las uñas
hasta donde llegue el sabor,
porque la euforia no me alcanza.
Mi búsqueda es un circuito cerrado
donde las únicas ruedas que tengo
                              son las palabras.

II
TSUNAMI

Un torbellino en el suelo
y una gran ira que sube
un barredor de tristezas,
un aguacero en venganza
que cuando escampe
parezca nuestra esperanza.

SILVIO RODRÍGUEZ

VISITA A CASA

Hubo un momento en que estas paredes
                              podían habitarme.

Cuando me dibujaba la infancia
y las dormilonas tenían ahogada
la nostalgia de las pezuñas
de los caballos maltratados.
Cuando volvía con las manos manchadas de moras
debido al claro olvido de una bolsa.
Cuando la lluvia en mis botas
parecía más alta que la tapia.
Igual me empeñaba en creer que podía saltarla,
que podía huir de los morisecos
y de los tréboles amargos.
Cuando había tan poco que al menos encontraría
alguna gaveta llena de arañas y algún objeto sin nombre.
Y las ruinas visibles acampaban
                      en la punta mal hecha de los lápices
y en las bisagras de las bicicletas rotas.

Pero hoy he vuelto,
con maletas herrumbradas,
saludos de inquilinaje y preguntas generadoras.
Intento no vomitar
por el olor a muerte
rodeada de ventanas,
de manteles floreados cubiertos con plástico.

Ahora los anturios han sido deshojados
por híbridas repisas con matas marchitas
                              y herramientas de taller.
Ahora los almohadones fríos y con olor a talco
lloran por los anteojos que no pueden
                              pescarlos en pleno empañe.
En esas gavetas hay utensilios que no reconozco,
que no termino de masticar.
La savia seca de las tinajas de barro
creen recordar la fe del romero
que ha sido remojado por tercera vez,
a ver si la tierra del patio,
en esta ocasión, le dice que sí.

He vuelto
y, aún,
el guardabarranco suicida del cuarto de pilas
insiste en recitar las mismas palabras.

SORBO AUTOMÁTICO

Ya desde la primera taza de café
nos sentimos tan desayuno,
microsegundo antes de haber caído,
sin darnos cuenta de habernos bebido la tristeza cansada
ya con el primer sorbo.

¿JAGUAMOS?

A mí no me engañan
esas patitas suaves de gatita que no se duerme.
No me engaña
ese violín prudente del tejado.

Para mí sos
un cello irregularmente perfecto
que podría tener horas entre mis piernas.

Niña traviesa.
Yo sé que tenés garras de jaguar ahí escondidas,
y un diapasón flexible.
Do, re, mi *faz amor comigo*
fins que es faci de día
Do, re, mi, fa,
solo un rato más
per veuret en la foscor
la, si, *dove sei?*
¿Sentís lo exquisito de pecar?

Scratch my back,
reach my G sharp
Ronroneá sin fin,
            cello dormido,
                    jaguar mentiroso.

NO SABÍA

A un espejo

Un día te condensarás
Y como lluvia caerás
Yo no voy a protegerme más.
NANO STERN

Desde antes,
ya te venía extrañando.
No sabía que tu andar era magma
al apetito de mis resbalos,
que patinaría
sobre cada escapatoria,
sobre cada tarro de combustible.

Tampoco sabía que el agua tiene un lenguaje de memoria.
No tiene piedad.
A cántaros,
te agarra los cachetes,
te amarra los cabellos.
Por eso atasco mi agenda de pulpos.
No hay recuerdo vivo en mi bitácora
que funcione como plan de escape.

Si hay tormenta,
salgo a mojarme hasta que me empasen
los dedos, la lengua

y ya no pueda pronunciar tu nombre
de tanta anestesia.
Pero tengo la incompetencia
de un caballo desbocado
y mis piernas condenan la quietud
por tentativa de homicidio.

No hay receta
para las lunas de inmovilidad
que tendré de resaca.
Menguaré en silencio,
innegociable.
Y al cuarto creciente
lloverán palabras bombillo,
lámparas musicales,
pero ninguna,
ninguna
te será suficiente en iluminación.

PECERAS Y DENTISTAS

A veces me escondo de los brazos humanos
porque hay días que solo los discos como
Parachutes, Unknown pleasures o *The Queen is dead*
solo ellos
saben escuchar las represas,
cuando el bosque impío miente
y oculta entre sus hojas bestias sanguinarias,
solo ellos limpian lo corrosivo del daño.
Esta damnificación me ha mordido,
como la agresión del dentista
y su sala de espera.
¿Cuántas muertes habrán sucedido
frente a la absurda pecera que distrae a los niños?

DE LA LLUVIA

El problema de la lluvia
es que no pide permiso.

No tiene misericordia con los deseos,
ni con los cuerpos que tardaron años
en conseguir una gota de estabilidad.

No conoce la filantropía.

No le importa tu currículum.

Te aplasta equitativamente.

Entonces toca abrir todas las jaulas
y dejar la savia escurrirse en los barrotes
hasta que una estampida de caballos salvajes
pueblen los huecos que dejó el granizo.
A ver si su violencia lubrica un poco
ya sea el candado,
las llaves
o el cerrajero.

Confieso que me hundí en la discontinuidad líquida.
Resbalé en un imperio bochornoso,
titubeante,
húmedo,
trastocado.

Donde el agua consume todo el ecosistema
y la plasticidad no funciona,
no aquí.
No donde el día perdió su rostro.

Yo nací nadando
en lo carnavalesco de las propinas,
en la torpeza onírica,
en la médula de lo necio.
Han intentado turismo numeral
en mi espalda y en mis piernas.

Pero no soporto los trámites,
son una burocracia parasitaria,
encadenada a la temporalidad.
A mí nadie me ha limpiado el llanto.

Yo me escurro sola.
Me tiendo en los cables del patio
y me dejo secar.

Y vuelvo siempre
a la imprudencia de mojarme de nuevo.

III
GRANIZO

Y en el apuro está lloviendo,
ya no se apretarán
mis lágrimas en tus bolsillos
cambiaste de sacón.

Fernando Cabrera

MEA CULPA

Yo confieso,
ante Dios todo tramposo
y ante ustedes, cristianos,
que he pecado mucho
de apareamiento,
                    maniobra
                              y vibración.
Por mi culpa,
por mi culpa,
por mi gran y hermosa culpa.
Por eso ruego a santa Afrodita,
siempre simple,
a los bares,
a los cantos,
y a ustedes, cristianos
que interceden por mí
ante él, su salvador.

COCINA EN REMODELACIÓN

Es más fácil así.
Le miento a tu pulso.
Entonces,
me sirvo cubitos de hielo
  en una taza de sopa.

LA MANÍA DE PERSEGUIR PAISAJES

Te resulta tan sencillo
llegar y sonreír excusas cobardes
cuando consciente palpás la humedad de nuestras manos.
Me enfado con todo lo que retarda este suceso

sincero,
inevitable.

No me acostumbro a no poder

masticar estas ganas que te tengo,
retener estos ríos incompresibles.

Si supieras que me enredo entre palabras

para olvidarte,
para distraerme.

Si supieras que el filo de esta lengua
resiste lo que no te digo

cuando bailás con tanta alegría,
cuando arrastrás tanta luz amarrada a tus zapatos.

Si supieras lo que te quiero.
Si me pidieras la verdad tendría que obsequiarte

esta manía de perseguir paisajes.

Si te besara por un momento,
me ortigaría hasta los dientes

por revolcarme en pastizales,
por negarlo.

Si pudieras quererme un ratito
Me rendiría,
me inflaría las costillas para que las libélulas galopen

entre tanto eco,
entre tantas astillas fugitivas.

Si supieras que en esta manía de perseguir paisajes,
soy la tormenta
que insiste ingenua

                    en quererte,
       no un poquito,
       ni un ratito,
                  en QUERERTE,
                          hambrienta.

Hijo pródigo

Y vuelve el hijo pródigo arrepentido:

Oh, padre que separas las aguas,
te amo sobre todas las cosas.
Siempre honraré, gracias a tu palabra:
      las coronas de adviento de mi abuela,
      el rosario de mamá,
      el bautismo de tu sangre en mi trigo.
Hossana,
bendito el que venga en nombre tuyo.
Señor, nunca he codiciado bienes ajenos.
Solamente desearía un poquito más de calor,
de ese que veo cuando paso por la cafetería frente
                              a la iglesia.
Tampoco he dado falso testimonio,
pero sí,
he mentido:
      cuando digo que usté es bueno
      cuando le defiendo contra los impuros,
      cuando cumplo con mi domingo de ramos
      cuando aguanto el hambre
                  por su violenta misericordia,
      cuando tomo por bendita la lluvia que se filtra
                por el cartón de mi techo.

He robado,
pero nunca a sus sacerdotes,
porque ellos no me dan ni un poquito
                              de lo que les queda de la hostia.

Y vuelve el hijo pródigo arrepentido:

Ay, padrecito, si usté supiera
a lo que me obligan las confesiones y la liturgia,
las flores se abrían virginales por las sendas.

Ten piedad,
que todos somos hijos del Señor.

Yo solo soy un niño carpintero
                              con manitas de madera
que quiere acariciar esa pradera en vigilia eterna.

Padre, salvador, sálveme de la culpa.
Soy un pastor de ese rebaño
que te obedece como cordero,
            punzado de oraciones,
            anémico de ofrendas,
            magdaleno pitónico de monaguillos.
Soy la oveja sacrificada
            porque la negaron de la historia.
¡Tres veces han borrado tu nombre en los ministerios!
Ahí voy, desangrando plegarias
            mientras llueven propinas en los cuellos blancos
            mientras se proliferan los estanques y los peces
                              gordos.

Sigo pescando.
Miro hacia arriba
     con la boca llena,
     con el estómago vacío.
Saboreo las sobras caritativas del gesto doméstico:
     - Pss, pss. ¿quién quiere un poquito de carne?
     - Yo.
     - A ver,
          abre grande... AAAAAAAAAAA.

Si las gotas de lluvia fueran de tu palabra,
          me encantaría estar ahí.
Si las gotas de lluvia fueran de tus rodillas,
          me encantaría estar ahí.
Si las gotas de lluvia fueran de tu corteza,
          me encantaría estar ahí.

MADRUGADAS E INUTILIDADES

Pensarte a esta hora,
cuando no distingo la distancia
del ladrido de los perros.
Acaricio su malacrianza
para que no me muerdan
ni ellos,
ni las ganas de vos.

A esta hora todo se confunde
con el revoloteo de una palomilla.
Terca de mí que no repararía un segundo
en escalar ese muro y curiosear.
Pero vos no entendés.
No podrías sostener la energía del comején.
Te dedicás a espantar moscas con la comida servida.

MUSEO

Les advierto que no compren la guía turística.
Primero, no hay guardias de seguridad,
ni sistemas antibalas.
Debieron adivinarlo al ver mi estómago
desinflado,
deshilachando neuronas de memoria.
De todos modos,
ya están dentro.
Como ven, el espacio no es muy grande,
pero en cualquier momento,
se caen en alguna grieta.
Y la dificultad no es escalar de vuelta,
es si el cielo se quiebra en reminiscencias.
Lo sólido del barro dura unos segundos.
Estuve ahí
y fracasé en el cultivo de la sangre fría.
Soy bestia de sangre caliente.
Si quisieran souvenirs, adelante.
Les ofrezco montaña rusa en el cráter
o un paseo por el magma en bote.
Tengo la saliva de un caleidoscopio
y, el resto del museo,
aún lo desconozco.

AL FARO

Sin ninguna entrevista o solicitud
terminé como saltimbanqui.
El escenario tiene de medida
el ancho de tu palma,
el área de tus zapatos
y el largo de tu estadía.
Trapecista de tiempo completo,
si tu boca me llama
hago un salto triple en la arena,
ruedo invisible en el coliseo,
aplico para bailarina en los cortes comerciales.
Basta tu pulgar en mi lengua
y el maquillaje se corre,
el arnés prefiere el suelo como descanso.
No dejo de dar vueltas,
freno al balbucear tu nombre
pues si lo digo tres veces
te condensarás
y no habrá genio en la lámpara que me salve
no habrá capa, ni botas de hule
que prevengan la hipotermia.
No se me da el patinaje,
sin embargo, aquí estoy.
Mis rodillas testimonian intentos
rendidos ante tu majestuosidad,
agua desatada.
Suplico piedad por mis costillas
que tanto han inflado nubes.

Cuando no estés
menguaré en lagunas congeladas
y despertarán todos los monstruos
apuntando a un solo faro
y su luz inatrapable.

DE LOS FUNERALES

Cada quien emplea diferente su consuelo.
Hay quienes llegan tarde para esquivar el inicio;
la torpeza de emular palabras como
"lo siento,
gracias por venir,
mi más sentido pésame",
que sí, son reales.
Pero ese vacío no es traducible al lenguaje más inmediato.
Se mastica en los abrazos,
en las fotos,
en el llanto.
O nunca se digiere y termina adherido a las postales,
a muebles o botellas de alcohol.
Hay, también, quienes callan para mantener balance
entre los ruidos del templo.
Alguien tendría que sostener quietud en los ojos.
Están quienes abren llave y sueltan fuga,
condenados a varios lapsos de inmovilidad.
No sé quién eligió el color negro para los funerales,
pero, definitivamente, hay quienes se aburren
y bailan en una esquina diciendo
"ella hubiese querido el regocijo".
Son señalados por aquellos que se oponen
                              al curso del tiempo,
los que paralizan el recuerdo para no soltar.
Y luego están los niños,
que no entienden,
no quieren entender.

No quieren entenderlo como nosotros lo hacemos.
Porque en esa pantomima, que resulta siempre necesaria,
rápido se diluye la conciencia de ser mejor,
de abrazar más,
de pedir perdón,
de hacerlo distinto esta vez.
Y total, los años, los hijos, las casas,
termina todo en una pequeña cajita.
Y, eventualmente, no habrá nada.
Nada.

4. CICLÓN

Y el tiempo es un agujero
y sabe a pólvora,
se retuerce en el pellejo
de la desgracia la mala hora.
Huele a agua en el desierto
y a lo lejos…

MALPAÍS

ÁLBUM FAMILIAR DEL CUADRADO, EL CÍRCULO Y EL TRÍANGULO

I.

Se emparejaron en una balada
a un metro de distancia,
sin notar las maletas llenas de vísceras y relojes.

II.

El cuadrado,
con noventa caballos de fuerza
y un ángulo recto,
recogió pétalo por pétalo
del círculo quieto que esperaba con una
ternura fiel y un sexo nervioso.

III.

Con unos martillos
y una circunferencia fértil,
sembraron un techo,
ventanas largas
y cuatro,
o, a veces 70 veces 7,
paredes.

IV.

El círculo tejió su mantel
con hilo de anturio blanco,
y una colmena de recetas
intentó apaciguar la ira
del juego de llaves
que retumbaba por la casa.
Él sirvió como molde de galletas
y nos las recetaron como pan de cada día
hasta entrenar la garganta
para no regurgitar,
al menos en su presencia.

V.

Uno
intentó estirarme la punta
en cuatro lados paralelos,
pero terminé cosechando antebrazos
que recogieron
una
a una
sus migajas.

Otro,
me engordó con palabras rosadas
hasta vomitarlas en piernas tercas.

Vl.

Y la foto familiar se tomó así:
En la esclavitud fiel del diámetro
en dilatarse hasta reencarnar
en un mueble más de la sala.
Y, el cabal,
en su fracaso alquímico
por limpiarse la conciencia
con un par de padres nuestros
y su reluciente betún de zapatos.

Vll.

Y yo,
con mis catetos quijotescos
y mis ángulos agudos,
voy sangrando las vértebras
de la historia.

MUERTES SIGILOSAS

A Ronny y Naomy

Una creería que fallecemos de golpe,
raudo, inexorable.
Pero esta muerte
no es un simulacro.

La gestaste con tibieza
desde el momento en que creíste
encapsular el tiempo.
Como si estuviese enjarrado como la jalea
a la que recurrimos a nuestro antojo,
con los dedos que manducan la idea del control,
del supuesto poder humano
contra los segundos y su crueldad.

Entonces decidiste que serías el mandamás,
el caudillo principal del fandango de tus decisiones ciegas.
En esa habitación todos te miraban a vos,
como el centro de mesa,
como la foto familiar más amplia.

Ahora languidecés en un *legatto*
de patadas del tiempo del que te burlaste.

Nunca fuiste la foto familiar,
solo la estuviste observando.
En una mano tu whiskey
y en otra
tu último cigarro.

EL ALMA DE LOS POETAS

A mi manada.

Salen de agujeros mal tapados tapados tapados
y proyectos no alcanzados cansados cansados
que regresan en fantasmas de colores colores colores
a pintarte las ojeras y pedirte que no llores.
LEO MASLÍAH

Dicen que andan robando crayones
Que corren por los pasillos y botan los adornos
porque les resulta placentero pegar los pedacitos.
Dicen que son relámpagos,
                    que no importa cuánto corramos,
el tiempo siempre vuelve para jalarnos los pies.

Dicen que hacen fogatas alrededor de la demora y
zapatean con los quizás que quedaron
                    en los papelillos improvisados.
Son nubes rodantes en el cielo
                    que juegan a mapas y tesoros.
Se enamoran al propio y lloran
                en las lápidas con elegías en las manos.

Salen a juntar abrazos en las calles
y vuelven con el pecho astillado y, revoloteando,
abren agujeros en vez de puertas.
Y dijeron que les vieron llorar en las ventanas
                        y en los muebles.

Y cuando se van, vuelven hechos ángeles tristes
          que tiñen con demencia las paredes.
Son valientes por miedo a la cobardía.
Son papalotes que viajan abiertos, sin folio.
Cuando encuentran un retrato solitario
sacan sus pinceles y explotan a colores.
Y, en caso de ser necesario,
se apuñalan el pecho para succionar
lo que les quede de tinta.

EL NIÑO DE AZÚCAR

El borde de mis rodillas alberga
un niño azucarado que choca con los abejones.
Salta y sale de los charquitos con sapos en las manos,
les busca un par de saltamontes que fracasa en atrapar
y, cuando se ve las manos, escapa despavorida
una casa de colores
donde te imagino,
en visitas largas,
papeles saltarines,
cocinas habitando la luz,
y tu boca habitando el azúcar
que alimenta una lengua dibujante,
la mía, reclusa de celdas paradisíacas que intento atrapar.
Pero los saltamontes llegan,
se sacuden, sueltan el azúcar en cubitos
y yo me zambullo.
Una línea,
        dos líneas.

T r
    e   s
        l
            í   n   e
                a   s

El niño quiere seguir jugando y ya no hay azúcar.

VICTORIAS PLÁSTICAS

I.

Visitan Río,
pero las favelas
se pudren con el sol.

II.

En llanto de lapas
ríen los hoteles
creyendo vencer.

III.

Acepto hojas,
ya sean caídas
de ramas cortadas.

SERVICIO DE LIMPIEZA

Navego como turista perdida
entre zánganos chocones.
Me peleo con los guías por los remos
para clavarme entre serpientes abrazadas bajo el agua.
Este juego mecánico no se detiene.
Persisto en buscarte en pinturas de óleo
mientras vos las limpiás
con trapos llenos de aguarrás.

CORAZÓN ESPONJA

Lo observo todo,
pero, más que nada, lo absorbo todo.
Succionar,
probar,
saborearlo todo.
No hay remedio.

Una vez me dijeron esponja.
Creo tenían razón.
Sentir de más
cada estante, cada esquina
cada mapa innecesario de las fotos,
cada palabra viva.

Una esponja
en un ciclo inevitable.
A veces en mi mente,
a veces en una lavadora.

MUJER SERPIENTE

Non. Je ne regrette rien.

ÉDITH PIAF

Soy una mujer errática
sin una sola gota de vergüenza.
De igual forma,
continuaré soltando mi lengua,
cada vez más larga e inquieta
por atrapar a quien se cruce por donde camino.

Décimas viajeras

De donde vienes, viajero,
hubo un error en el mapa.
Noto que llevas de capa
un hechizo de algo abierto.

Alguien te detuvo el vuelo
y, por tu vil desacato,
terminaste aquí un rato
disfrazado de un espejo.

Si desvisto tu esqueleto
no me alcanza el aparato.

De cómo vienes, viajero,
por la pausa de tu ruta
y por suerte y mi fortuna
me desblindo ante el tiempo.

Que, según yo, es perverso
e inestable como el agua
si sus perros siempre ladran
acaricio sus mordidas.

Si su piel me contamina
que me conjure su magia.

Y de tus manos, viajero,
donde la brújula orienta

mi refugio en la tormenta
lo escondió el epicentro.

Un boleto sin regreso,
un azar en el camino.
Ahora floto en el vacío
aquí nadie sale ileso.

Nadaría así, con frío
con tal de probar tu beso.

PRIMATES

Están engañados.

Pasaron años estudiándome,
escarbando en cada recoveco,
en cada comisura que incitara un triunfo masturbatorio:
"¡Eureka, encontramos otra diferencia!"

Van ahí, ejecutivos
con su plasticidad lamentable,
presos de su infancia que perpetúa
un vivir del recuerdo,
hábitos de fusilamiento;
como, por ejemplo,
la angustia dominical.

Tienen tantas arenas movedizas.
Desde los anillos de bodas,
hasta las fronteras,
las carátulas de los libros,
la jurisprudencia,
las medallas de guerra,
los antibióticos,
el asfalto.

Están engañados.

No comprenden la discontinuidad del tiempo.

No consiguen otro análgesico
     que   v   i   v   i   r
asintiendo la moral
y multiplicando las lluvias de indigencia.

Podré tener los pulgares opuestos,
pero no estoy engañado.
A mí no me adiestraron con correa.
Podré temerles de vez en cuando,
pero no son enemigos ahí afuera.
Quítenles las armas
y serán mi presa.

HOY

Hoy el universo te dio otro sí paleativo.
Hubo un momento realmente fértil.
Prometiste hacer grandes cosas,
la hidroponía y sus brújulas dejaron sangrar rincones.
El mundo fue un milagro clemente
con tu casa damnificada.
Pero desinfectaste el dolor con pesticidas,
drenaste una tormenta de carne cruda.
Accediste a un matrimonio con la certeza.
Gota a gota fuiste ingiriendo hasta cumplir

                            con su vasallaje.

Entonces ahora, recetás pantomimas positivas

                      a quien no tiene hogar

a quien no encuentra hábito en sí mismo
y cada recipiente a utilizar es forastero
penetra frígido las paredes,
suspende el esqueleto en una fiesta extinta.
La vida divorciará su misericordia con nuestra especie,
por pura negligencia,
por una necedad sentenciada a la muerte,
la misma que te llamó el primer día
y te quiso mojar los pómulos como caricia.
Y hoy decís que estás viviendo
y que harás planes,
que habrá tiempo.
Tus ojos se han disuelto en semáforos averiados,
que no dejan de parpadear,
no dejan de apetecer accidentes.

NATURALEZA

Tal vez es que nos encanta
ese vicio tautológico
de lo que no se puede.

A LA MUERTE

Recoge flores para la iglesia
que tiembla en un "acepto",
para las madres en sus camillas quirúrgicas,
para pedir perdón,
para enterrar mascotas,
para sostener el milagro apretado en la palma,
aunque revolotee.
Para iluminar una ciudad doliente
con el "aún no, aún hay tiempo".
Pero si ves alrededor yacen sepulcros en cada párpado
y cuervos en los botiquines.
Gracias.
Por desterrarnos a la nada maternal.
Nos acunó desde el primer día.
Nos dejó chuparnos el dedo,
creernos importantes,
babear una paletilla
para luego exiliarnos a su seno.
Gracias, bestia,
por movilizarnos,
por llevarnos de la oreja
como el niño que se niega a bañarse.

DIAGNÓSTICO

22 años, tres meses y 22 días.
Eso equivale más o menos a 195.600 horas.
He pasado muchas de ellas columpiándome,
siempre a la delantera del vaivén.
Mi infancia no termina de acabar
porque, cada vez que abrazo a mi madre,
se me contagian, un poco más, las ganas de creer en Dios,
o en cualquier gloria cercana a su pureza.
Porque el aguacero se puede jugar
                               en todas sus clasificaciones
presagio, truenos, escampe.
Porque aprendí mucho del musgo
apoyado en las piedras,
de los ríos lejanos que confundo
                               con el ruido del lavatorio,
de las migas de pan que me saqué de la boca
por alimentar a los búhos que jamás
                           iban a bajar hasta mi palma.
Terminaba desnutrida con un aspecto de madera verde,
que no se puede quemar, ni para fogatas ni cocina de leña.
El doctor me reveló que nunca fui totalmente terrestre.
Por eso la espuma alberga fragmentos de tiempo
y por eso soy más trapecista de manglar.
Cuando no me alcanza,
me largo a fotografiar ballenas.
Hay algo en su tristeza que me resulta familiar.
Tienen un sosiego crónico,
producto del agua y su dilatación.

Por algún motivo, prefieren una libertad dolorosa.
Supongo que resulta mejor opción
nadar en lo impreciso
que llueva sobre el hormiguero.

ACERCA DE LA AUTORA

Alelí Prada es una cantautora, poeta y compositora costarricense. Estudiosa, creadora y entusiasta de las historias, las ideas y los sonidos. Ha participado en diversos escenarios artísticos, desde teatro, música coral, música original, interpretación de canciones, oratorias, recitales de poesía, entre otros. Hoy desarrolla su proyecto como solista con música original y producción literaria.

Recientemente, sacó su primer sencillo "Animal" junto a la cantautora colombiana Laura Román en plataformas digitales; anticipando un EP del presente año. Algunos de sus textos se pueden encontrar en la antología "Y2K" de la Editorial Estudiantil de la UCR, en "Desacuerdos", antología publicada por el proyecto Escritoras Aflorantes, la revista Liberoamérica, Oxímoron, Atunis, entre otras. *Cuando llueve sobre el hormiguero* (Nueva York Poetry Press) es su ópera prima.

ÍNDICE

Cuando llueve sobre el hormiguero

I. Sequía

Selváticas · 15

Ahora · 16

Caminar sola · 18

Casita de madera · 20

Volveremos · 21

Madera sola · 22

Una moneda · 24

II. Tsunami

Visita a Casa · 29

Sorbo automático · 31

¿Jaguamos? · 32

No sabía · 33

Peceras y dentistas · 35

De la lluvia · 36

III. Granizo

Mea culpa · 43

Cocina en remodelación · 44

La manía de perseguir paisajes · 45

Hijo pródigo · 47

Madrugadas e inutilidades · 50

Museo · 51

Al faro · 52

De los funerales · 54

IV. Ciclón

Álbum familiar del cuadrado, el círculo y el triángulo · 61

Muertes sigilosas · 64

El alma de los poetas · 65

El niño de azúcar · 67

Victorias plásticas · 68

Servicio de limpieza · 69

Corazón esponja · 70

Mujer serpiente · 71

Décimas viajeras · 72

Primates · 74

Hoy · 76

Naturaleza · 77

A la muerte · 78

Diagnóstico · 79

Acerca de la autora · 85

Colección
PREMIO INTERNACIONAL DE POESÍA
NUEVA YORK POETRY PRESS

1
Idolatría del huésped / Idolatry of the Guest
César Cabello

2
Postales en braille / Postcards in Braille
Sergio Pérez Torres

3
Isla del Gallo
Juan Ignacio Chávez

4
Sol por un rato
Yanina Audisio

5
Venado tuerto
Ernesto González Barnert

Colección
CUARTEL
Premios de poesía
(Homenaje a Clemencia Tariffa)

1
El hueso de los días
Camilo Restrepo Monsalve

-

V Premio Nacional de Poesía
Tomás Vargas Osorio

2
Habría que decir algo sobre las palabras
Juan Camilo Lee Penagos

-

V Premio Nacional de Poesía
Tomás Vargas Osorio

3
Viaje solar de un tren hacia la noche de Matachín
(La eternidad a lomo de tren) /
Solar Journey of a Train Toward the Matachin Night
(Eternity Riding on a Train)
Javier Alvarado

-

XV Premio Internacional de Poesía
Nicolás Guillén

4
Los países subterráneos
Damián Salguero Bastidas

-

VI Premio Nacional de Poesía
Tomás Vargas Osorio

Colección
VIVO FUEGO
Poesía esencial
(Homenaje a Concha Urquiza)

1
Ecuatorial / Equatorial
Vicente Huidobro

2
Los testimonios del ahorcado (Cuerpos siete)
Max Rojas

Colección
PARED CONTIGUA
Poesía española
(Homenaje a María Victoria Atencia)

1
La orilla libre / The Free Shore
Pedro Larrea

2
No eres nadie hasta que te disparan /
You are nobody until you get shot
Rafael Soler

3
Cantos : & : Ucronías / Songs : & : Uchronies
Miguel Ángel Muñoz Sanjuán

4
13 lunas 13 / 13 Moons 13
You are nobody until you get shot
Tina Escaja

5
Las razones del hombre delgado
Rafael Soler

6
Carnalidad del frío / Carnality of cold
María Ángeles Pérez López

Colección
PIEDRA DE LA LOCURA
Antologías personales
(Homenaje a Alejandra Pizarnik)

1
Colección Particular
Juan Carlos Olivas

2
Kafka en la aldea de la hipnosis
Javier Alvarado

3
Memoria incendiada
Homero Carvalho Oliva

4
Ritual de la memoria
Waldo Leyva

5
Poemas del reencuentro
Julieta Dobles

6
El fuego azul de los inviernos
Xavier Oquendo Troncoso

7
Hipótesis del sueño
Miguel Falquez-Certain

8
Una brisa, una vez
Ricardo Yáñez

9
Sumario de los ciegos
Francisco Trejo

10
A cada bosque sus hojas al viento
Hugo Mujica

11
Espuma rota
María Palitchi (Farazdel)

12
Poemas selectos / Selected Poems
Óscar Hahn

13
Los caballos del miedo / The Horses of Fear
Enrique Solinas

Colección
MUSEO SALVAJE
Poesía latinoamericana
(Homenaje a Olga Orozco)

1
La imperfección del deseo
Adrián Cadavid

2
La sal de la locura / Le Sel de la folie
Fredy Yezzed

3
El idioma de los parques / The Language of the Parks
Marisa Russo

4
Los días de Ellwood
Manuel Adrián López

5
Los dictados del mar
William Velásquez Vásquez

6
Paisaje nihilista
Susan Campos-Fonseca

7
La doncella sin manos
Magdalena Camargo Lemieszek

8
Disidencia
Katherine Medina Rondón

9
Danza de cuatro brazos
Silvia Siller

10
Carta de las mujeres de este país / Letter from the Women of this Country
Fredy Yezzed

11
El año de la necesidad
Juan Carlos Olivas

12
El país de las palabras rotas / The Land of Broken Words
Juan Esteban Londoño

13
Versos vagabundos
Milton Fernández

14
Cerrar una ciudad
Santiago Grijalva

15
El rumor de las cosas
Linda Morales Caballero

16
La canción que me salva / The Song that Saves Me
Sergio Geese

17
El nombre del alba
Juan Suárez

18

Tarde en Manhattan
Karla Coreas

19

Un cuerpo negro / A Black Body
Lubi Prates

20

Sin lengua y otras imposibilidades dramáticas
Ely Rosa Zamora

21

El diario inédito del filósofo vienés Ludwig Wittgenstein /
Le Journal Inédit Du Philosophe Viennois Ludwig Wittgenstein
Fredy Yezzed

22

El rastro de la grulla / The Crane's Trail
Monthia Sancho

23

Un árbol cruza la ciudad / A Tree Crossing The City
Miguel Ángel Zapata

24

Las semillas del Muntú
Ashanti Dinah

25

Paracaidistas de Checoslovaquia
Eduardo Bechara Navratilova

26

Este permanecer en la tierra
Angélica Hoyos Guzmán

27
Tocadiscos
William Velásquez

28
De cómo las aves pronuncian su dalia frente al cardo /
How the Birds Pronounce Their Dahlia Facing the Thistle
Francisco Trejo

29
El escondite de los plagios / The Hideaway of Plagiarism
Luis Alberto Ambroggio

30
Quiero morir en la belleza de un lirio /
I Want to Die of the Beauty of a Lily
Francisco de Asís Fernández

31
La muerte tiene los días contados
Mario Meléndez

32
Sueño del insomnio / Dream of Insomnia
Isaac Goldemberg

33
La tempestad / The Tempest
Francisco de Asís Fernández

34
Fiebre
Amarú Vanegas

35

63 poema de amor a mi Simonetta Vespucci /
63 Love Poems to My Simonetta Vespucci
Francisco de Asís Fernández

36

Es polvo, es sombra, es nada
Mía Gallegos

37

Luminoscencia
Sebastián Miranda Brenes

Colección
SOBREVIVO
Poesía social
(Homenaje a Claribel Alegría)

1
#@nicaragüita
María Palitachi

2
Cartas desde América
Ángel García Núñez

3
La edad oscura / As Seen by Night
Violeta Orozco

Colección
TRÁNSITO DE FUEGO
Poesía centroamericana y mexicana
(Homenaje a Eunice Odio)

1
41 meses en pausa
Rebeca Bolaños Cubillo

2
La infancia es una película de culto
Dennis Ávila

3
Luces
Marianela Tortós Albán

4
La voz que duerme entre las piedras
Luis Esteban Rodríguez Romero

5
Solo
César Angulo Navarro

6
Échele miel
Cristopher Montero Corrales

7
La quinta esquina del cuadrilátero
Paola Valverde

8
Profecía de los trenes y los almendros muertos
Marco Aguilar

9
El diablo vuelve a casa
Randall Roque

10
Intimidades / Intimacies
Odeth Osorio Orduña

11
Sinfonía del ayer
Carlos Enrique Rivera Chacón

12
Tiro de gracia / Coup de Grace
Ulises Córdova

13
Al olvido llama el puerto
Arnoldo Quirós Salazar

14
Vuelo unitario
Carlos Vázquez Segura

15
Helechos en los poros
Carolina Campos

16
Cuando llueve sobre el hormiguero
Alelí Prada

Colección
VISPERA DEL SUEÑO
Poesía de migrantes en EE.UU.
(Homenaje a Aida Cartagena Portalatín)

1
Después de la lluvia / After the rain
Yrene Santos

2
Lejano cuerpo
Franky De Varona

3
Silencio diario
Rafael Toni Badía

Colección
MUNDO DEL REVÉS
Poesía infantil
(Homenaje a María Elena Walsh)

1
Amor completo como un esqueleto
Minor Arias Uva

2
La joven ombú
Marisa Russo

Colección
MEMORIA DE LA FIEBRE
Poesía feminista
(Homenaje a Carilda Oliver Labra)

1
Bitácora de mujeres extrañas
Esther M. García

2
Una jacaranda en medio del patio
Zel Cabrera

3
Erótica maldita
María Bonilla

4
Afrodita anochecida
Arabella Salaverry

Colección
LABIOS EN LLAMAS
Poesía emergente
(Homenaje a Lydia Dávila)

1
Fiesta equivocada
Lucía Carvalho

2
Entropías
Byron Ramírez Agüero

3
Reposo entre agujas
Daniel Araya Tortós

Colección
CRUZANDO EL AGUA
Poesía traducida al español
(Homenaje a Sylvia Plath)

1
The Moon in the Cusp of My Hand /
La luna en la cúspide de mi mano
Lola Koundakjian

2
And for example / Y por ejemplo
Ann Lauterbach

3
Sensory Overload / Sobrecarga sensorial
Sasha Reiter

Colección
PROYECTO VOCES
Antologías colectivas

María Farazdel (Palitachi)
Compiladora

Voces del café

Voces de caramelo / Cotton Candy Voices

Voces de América Latina I

Voces de América Latina II

. . .

Colección
VEINTE SURCOS
Antologías colectivas
(Homenaje a Julia de Burgos)

Antología 2020 / Anthology 2020
Ocho poetas hispanounidenses / Eight Hispanic American Poets
Luis Alberto Ambroggio
Compilador